NATIONAL GEOGRAPHIC

Peldaños

¡ADELANTE!

Lee para descubrir sobre la Antártida.

El fin del mundo

por Michael Bilski

Imagina un lugar que recibe menos de una pulgada de **precipitación** por año. Eso significa casi nada de llovizna, lluvia, nieve o aguanieve. Hay montañas de hielo de más de tres millas de alto. El promedio de **temperatura** durante el mes más frío es de entre –40 ºF y –94 ºF (–40 ºC y –70 ºC). ¡Eso sí que es frío! ¿Qué es y dónde está este lugar? Es el **continente** de la Antártida. Es la tierra del **Polo Sur.** Es el desierto congelado del fin del mundo.

Haiku 1

Final del mundo,

continente sin igual.

¡Recia Antártida!

Haiku 2

Desierto frío,

hielo y vientos helados.

¿Nunca hace calor?

Haiku 3

Valientes hombres,

que el Polo Sur **seduce.**

¡Adelante ya!

Compruébalo ¿Cómo describirías la Antártida?

La edad heroica de la exploración de la Antártida

por Michael Bilski

Hubo una época en que la Antártida era todo un mundo nuevo para explorar. La edad heroica de la exploración de la Antártida data de comienzos del siglo XX. Hombres valientes de todo el mundo exploraron el **continente.** Se enfrentaron al frío cruel y a condiciones terribles. Pero los hombres siguieron **adelante.** Roald Amundsen, Robert Falcon Scott y Ernest Shackleton fueron tres de los exploradores.

Exploradores antárticos

Erich von Drygalski

Expedición Alemana al Polo Sur, de 1901 a 1903

Roald Amundsen

Expedición Antártica Noruega, de 1910 a 1912

Primero en llegar al Polo Sur (14 de diciembre de 1911)

Adriene de Gerlache

Expedición Antártica Belga, de 1897 a 1899

William Speirs Bruce

Expedición Antártica Nacional Escocesa, de 1902 a 1904

Ernest Shackleton

Expedición Antártica Británica, de 1907 a 1909

Expedición Imperial Transantártica de 1914 a 1917

Expedición de Shackleton-Rowett, de 1921 a 1922

Carsten Borchgrevink

Expedición Antártica Británica, de 1898 a 1900

Jean-Baptiste Charcot

Expedición Antártica Francesa, de 1903 a 1905 y de 1908 a 1910

Nobu Shirase

Expedición Antártica Japonesa, de 1910 a 1912

Nils Otto Nordenskjold

Expedición Sueca al Polo Sur, de 1901 a 1903

Robert Falcon Scott

Expedición Antártica Nacional Británica, de 1901 a 1904

Expedición Antártica Británica, de 1910 a 1913

Llegó al Polo Sur (17 de enero de 1912)

Douglas Mawson

Expedición Antártica Australiana (de 1911 a 1914)

Exploradores rivales

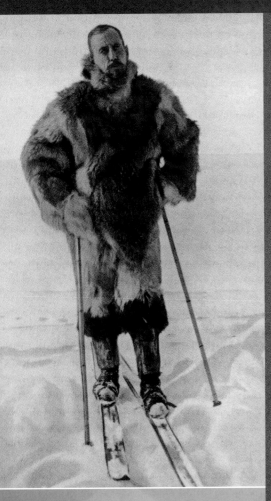

Roald Amundsen

Roald Amundsen nació en Noruega en 1872. Exploró el Ártico. Allí, Amundsen aprendió cómo sobrevivían los inuits. Usó abrigos de ciervo y aprendió a usar perros de trineo. Amundsen quería ser el primero en llegar al **Polo Norte.** Pero otros exploradores llegaron al Polo Norte primero. Entonces Amundsen decidió que sería el primero en llegar al **Polo Sur.** Sabía que Robert Scott tenía el mismo objetivo. ¡La carrera había comenzado!

Robert Falcon Scott

Robert Falcon Scott nació en Inglaterra en 1868. Hizo carrera en la marina. La primera **expedición** de Scott a la Antártida se realizó de 1901 a 1904. Scott y su equipo se acercaron a 400 millas del Polo Sur. Scott estaba decidido a liderar la primera expedición que llegara al Polo Sur. Volvió a la Antártida en 1911. Scott sabía que Amundsen tenía el mismo objetivo, pero Scott no se iba a rendir.

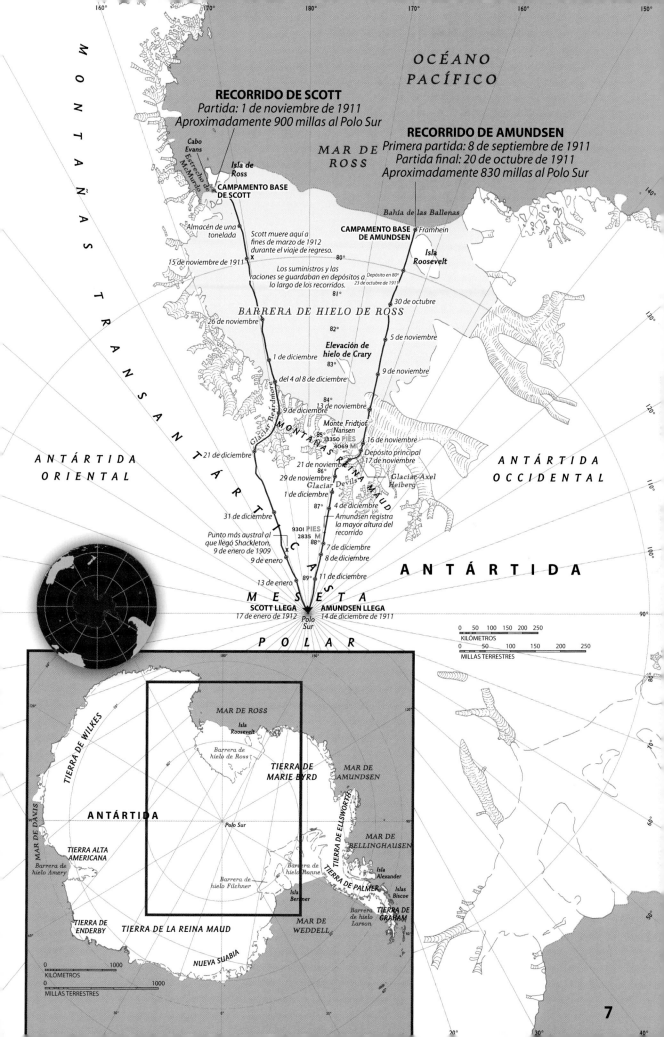

OCÉANO PACÍFICO

MAR DE ROSS

MONTAÑAS TRANSANTÁRTICA

RECORRIDO DE SCOTT
Partida: 1 de noviembre de 1911
Aproximadamente 900 millas al Polo Sur

RECORRIDO DE AMUNDSEN
Primera partida: 8 de septiembre de 1911
Partida final: 20 de octubre de 1911
Aproximadamente 830 millas al Polo Sur

Cabo Evans
Isla de Ross
Estrecho de McMurdo
CAMPAMENTO BASE DE SCOTT

Almacén de una tonelada

Scott muere aquí a fines de marzo de 1912 durante el viaje de regreso. X

Bahía de las Ballenas
CAMPAMENTO BASE DE AMUNDSEN Framhein
Isla Roosevelt

15 de noviembre de 1911

80°

Los suministros y las raciones se guardaban en depósitos a lo largo de los recorridos.

Depósito en 80°
23 de octubre de 1911

30 de octubre

81°

BARRERA DE HIELO DE ROSS

26 de noviembre

82°

Elevación de hielo de Crary

5 de noviembre

1 de diciembre

9 de noviembre

del 4 al 8 de diciembre

83°

9 de diciembre

84°

13 de noviembre

Glaciar Beardmore

Monte Fridtjof Nansen

85° **13350 PIES**
4069 M

16 de noviembre

Depósito principal
17 de noviembre

21 de diciembre

MONTAÑAS REINA MAUD

Glaciar Axel Heiberg

21 de noviembre
29 de noviembre 86°

Glaciar Devils
1 de diciembre

4 de diciembre

31 de diciembre

87°

Amundsen registra la mayor altura del recorrido

ANTÁRTIDA ORIENTAL

ANTÁRTIDA OCCIDENTAL

ANTÁRTIDA

9301 PIES
2835 M

Punto más austral al que llegó Shackleton, 9 de enero de 1909 X 88°

7 de diciembre
8 de diciembre

9 de enero

11 de diciembre

13 de enero

89°

ANTÁRTICA

MESETA

SCOTT LLEGA
17 de enero de 1912

Polo Sur

AMUNDSEN LLEGA
14 de diciembre de 1911

90°

POLAR

0 50 100 150 200 250
KILÓMETROS
0 50 100 150 200 250
MILLAS TERRESTRES

MAR DE ROSS
Isla Roosevelt

TIERRA DE WILKES

Barrera de hielo de Ross

TIERRA DE MARIE BYRD

MAR DE AMUNDSEN

MAR DE DAVIS

ANTÁRTIDA

Polo Sur

TIERRA DE ELLSWORTH

TIERRA ALTA AMERICANA

Barrera de hielo Amery

TIERRA DE ENDERBY

TIERRA DE LA REINA MAUD

Barrera de hielo Ronne

Barrera de hielo Filchner

Isla Berkner

MAR DE WEDDELL

MAR DE BELLINGHAUSEN

Isla Alexander

Islas Biscoe

TIERRA DE PALMER

Barrera de hielo Larson

TIERRA DE GRAHAM

NUEVA SUABIA

0 1000
KILÓMETROS
0 1000
MILLAS TERRESTRES

7

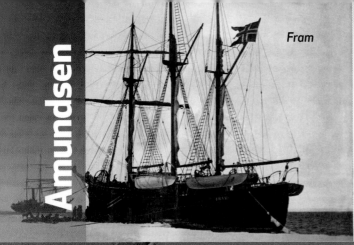

Fram

Amundsen

Amundsen

El Polo es la meta

Amundsen y Scott compartían una meta. Cada uno quería ser el primer explorador en llegar al Polo Sur. ¿Quién ganaría la carrera?

El 3 de enero de 1911, Scott y su **equipo** llegaron a la Antártida en su barco, *Terra Nova*. Perdieron parte de su cargamento durante una tormenta en el mar, pero el equipo de Scott pudo llegar con muchos perros, ponis y trineos a gasolina. Scott y sus hombres establecieron **depósitos** para guardar alimentos y suministros en el camino al Polo Sur. Pero uno de los trineos se averió y los ponis lucharon contra el frío cruel. El equipo no pudo establecer su depósito principal tan al sur como hubiera querido.

Scott

Terra Nova

Scott

Trineo en un depósito de suministros

El 14 de enero de 1911, Amundsen y su equipo llegaron a la Antártida en su barco, *Fram*. Establecieron un campamento en la barrera de hielo Ross. Pasaron nueve meses preparándose para su viaje al Polo Sur.

Amundsen estaba preparado. Recordaba lo que había aprendido de los inuits. Llevó casi 100 perros de trineo a la Antártida. Llevó suministros, alimentos y también agua dulce. Amundsen y su equipo establecieron depósitos con alimentos a lo largo del camino al Polo. Los hombres practicaron y se prepararon mientras esperaban el tiempo más cálido de la primavera. Entrenaron a los perros. Practicaron esquí. Los hombres usaron los perros entrenados y los trineos para llevar sus depósitos más cerca del Polo que Scott. Amundsen se aseguró de que sus hombres y sus perros estuvieran bien alimentados y bien descansados para el viaje que los aguardaba.

Equipo de perros

Prueba de la profundidad
del mar con un martillo

El equipo de
Amundsen en el
Polo Sur

Victoria y derrota

Amundsen partió al Polo Sur el 20 de octubre de 1911. Su equipo incluía un campeón de esquí y dos expertos en perros. Llevaron dos trineos y más de 50 perros. Los depósitos de alimentos hicieron los hombres esquiaron y los perros halaban los trineos. Escalaron montañas y combatieron tormentas de nieve. Pero los hombres y los perros siguieron adelante. Finalmente, el 14 de diciembre de 1911, llegaron al Polo. No había señales de Scott. Habían ganado la carrera. Amundsen y sus hombres celebraron. Izaron una bandera y establecieron una tienda de campaña. Amundsen dejó una nota a Scott dentro de la tienda.

Scott y su equipo salieron del campamento base el 1 de noviembre. Llevaron 10 ponis, trineos y más de 20 perros. Los trineos no sirvieron y los ponis tuvieron dificultades. El equipo combatió el frío, el hielo y la nieve. Una tormenta de nieve los forzó a detenerse.

Ambos exploradores eligieron su equipo y su equipamiento de manera diferente.

EQUIPO DE AMUNDSEN ■ Sobrevivieron al viaje □ No sobrevivieron

EQUIPO DE SCOTT

Como estaba planeado, estos hombres volvieron antes de llegar al Polo Sur.

El número total de trineos no se sabe con precisión. Los hombres que regresaron se llevaron dos de ellos.

Scott

Cruce de un glaciar a pie

El equipo de Scott en el Polo, con la tienda y la bandera de Amundsen

El equipo de Scott tuvo que marchar a pie hacia el Polo Sur. No eran buenos esquiadores y tuvieron que halar sus propios trineos. Scott envió a los perros y a la mayoría de los hombres de vuelta al campamento. Decidió llevar a cuatro hombres el resto del camino. El 16 de enero de 1912, vieron la tienda y la bandera de Amundsen a la distancia. Sabían que habían perdido la carrera. Llegaron al Polo Sur al día siguiente. En la tienda, encontraron la nota de Amundsen y unos suministros muy necesarios.

Amundsen y su equipo habían vuelto sanos y salvos. El equipo de Scott no tuvo tanta suerte. Tenían hambre, estaban enfermos y cansados. Los hombres que quedaban quedaron atrapados por una tormenta de nieve. Estaban a solo 11 millas de su depósito más grande. Nunca llegaron. La entrada del diario de Scott daba por terminado el triste relato.

"Vamos a intentarlo hasta las últimas consecuencias, pero estamos más débiles, por supuesto, y el final no debe estar lejos. Es una lástima, pero no creo que pueda escribir más".

Los miembros que regresaron llevaron de vuelta todos los perros que sobrevivieron.

La resistencia de Shackleton

Los perros de trineo ven hundirse al *Endurance*.

Ernest Henry Shackleton

Ernest Henry Shackleton nació en Irlanda en 1874. Era miembro del equipo de Scott durante el primer viaje de Scott al Polo Sur en 1901. Shackleton condujo su propia expedición en 1908. Estableció un récord acercándose al Polo Sur más que cualquier persona antes de esa época.

Amundsen ganó la carrera al Polo Sur. Así que Shackleton decidió intentar algo nuevo. Cruzaría la Antártida a pie. Su expedición comenzaría en el Mar de Weddell y cruzaría una parte de la

En este mapa se traza su ruta.

60°   50°   40°   30°

Isla Georgia del Sur
El Endurance parte a la Antártida 5 de diciembre de 1914

Equipo de seis parte en busca de rescate
24 de abril de 1916

Equipo de seis llega
10 de mayo de 1916

Isla Elefante
Los botes salvavidas llegan a la isla
15 de abril de 1916

Botes salvavidas se lanzan desde témpanos flotantes a la deriva
9 de abril de 1916

HIELO FLOTANTE SÓLIDO

20°

0 100 200 300 400 500
KILÓMETROS
0 100 200 300 400 500
MILLAS

OCÉANO ATLÁNTICO

CÍRCULO POLAR ANTÁRTICO

PENÍNSULA ANTÁRTICA

El Endurance se hunde
21 de noviembre de 1915

El hielo flotante a la deriva aplasta al Endurance
27 de octubre de 1915

HIELO FLOTANTE A LA DERIVA

El Endurance entra en la zona de hielo flotante a la de
11 de diciembre de 1914

110°

MAR DE BELLINGSHAUSEN

MAR DE WEDDEL

El Endurance queda atrapado en hielo flotante sólido
19 de enero de 1915

10°

120°

BARRERA DE HIELO RONNE

ANTÁRTIDA OCCIDENTAL

80°

ANTÁRTIDA

Antártida que nunca se había explorado. Luego se dirigiría hacia el Polo y al mar de Ross.

Shackleton y sus hombres divisaron la Antártida desde su barco, el *Endurance*. Pero antes de llegar allí, el *Endurance* quedó atrapado en hielo flotante a la deriva. Fue un revés fatal para la expedición. El barco quedó atrapado diez largos meses. Mientras tanto, Shackleton y sus hombres usaron el *Endurance* para almacenar sus suministros. Pero el hielo lentamente aplastaba el barco ya condenado. Tuvieron que retirar los suministros y los botes salvavidas. El 21 de noviembre de 1915, el *Endurance* terminó aplastado y luego se hundió.

Shackleton y su equipo quedaron a la deriva en el hielo flotante otros cinco meses. Soportaron el frío cruel. Sobrevivieron en parte a base de carne de ballena y foca. Los hombres de Shackleton pudieron finalmente escapar del hielo en sus botes salvavidas. Llegaron a salvo a la isla Elefante.

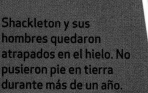

Shackleton y sus hombres quedaron atrapados en el hielo. No pusieron pie en tierra durante más de un año.

Shackleton decidió que la única esperanza de rescate era navegar en uno de los botes salvavidas hasta la isla habitada más cercana. Era una misión peligrosa. Con un equipo de cinco hombres, Shackleton navegó 800 millas a la isla Georgia del Sur. Encontraron un barco que podía llevarlos de vuelta a rescatar al resto del equipo. Después de varios intentos, el 30 de agosto de 1916, rescataron a todos los miembros de la expedición de Shakleton. Los hombres habían estado lejos de casa por más de dos años. La expedición fue un fracaso, pero el relato del *Endurance* tuvo un final heroico. Shackleton y sus compañeros exploradores habían resistido.

En 1921, Shackleton se reunió con algunos miembros del equipo del *Endurance*. El plan era navegar en un barco nuevo, el *Quest*, alrededor de la Antártida. Shackleton sufrió un ataque cardíaco mientras iba a bordo del *Quest*. Lo enterraron en la isla Georgia del Sur.

El equipo de Shackleton a bordo del *Quest*.

El final de la era heroica

Esta era heroica terminó con la muerte de Shackleton. El último continente había sido explorado. Tanto Amundsen como Scott habían llegado al Polo Sur. La exploración de otro tipo continúa hasta hoy. Científicos de todo el mundo han establecido estaciones de investigación para estudiar esta tierra congelada.

Endurance

Compruébalo   ¿Qué tenían en común Scott, Amundsen y Shackleton? ¿En qué se diferenciaban?

Andrew
Evans

Conoce a Andrew Evans, el "Nómada Digital" de National Geographic. Un nómada es un viajero. Andrew es un nómada digital. Usa la tecnología para comunicar sus viajes.

Andrew era como los exploradores de "La edad heroica de la exploración de la Antártida". Quería explorar la Antártida. Pero en lugar de llegar navegando, recorrió la mayor parte del camino en autobús. El público seguía el viaje de Andrew en su **blog**. Publicaba noticias para sus lectores todos los días.

La aventura antártica de Andre

por Michael Bilski

Intrumentos

En las primeras décadas del siglo XX, los exploradores Amundsen, Scott y Shackleton usaron instrumentos de navegación. Una brújula y un sextante los ayudaron a encontrar el camino al **Polo Sur**. Inmortalizaron sus viajes con grandes cámaras en forma de caja.

Andrew y otros exploradores actuales tienen instrumentos que funcionan con GPS, o "Sistema de Posicionamiento Global". Los receptores de GPS, las cámaras digitales e Internet ayudan a los exploradores a encontrar el camino y llevar un registro de su viaje. Andrew viaja con pocas cosas, pero siempre lleva pequeñas cámaras, entre ellas una a prueba de agua.

Brújula de celular

Brújula

Receptor de GPS

Sextante

Cámara a prueba de agua

Cámara en forma de caja

Camino al Sur

Andrew se subió al autobús el 1 de enero de 2010. Partió desde las oficinas de National Geographic, en Washington, DC. Antes de comenzar su viaje, Andrew les pidió a los lectores del *blog* que le ayudaran a elegir canciones. Las canciones le ayudaron a pasar el tiempo en el largo viaje en autobús.

OCÉANO ATLÁNTICO

ESTADOS UNIDOS

MÉXICO

BELICE

GUATEMALA   HONDURAS
EL SALVADOR
NICARAGUA

COSTA RICA   PANAMÁ

VENEZUELA

COLOMBIA

ECUADOR

BRAS

FRÍ

El primer lugar que visitó Andrew en Sudamérica fue Cartagena, Colombia. Cartagena tiene calles angostas empedradas y viejos edificios españoles. Cada casa, puerta y persiana tiene un color diferente.

En Costa Rica, Andrew vio arroyos de montaña, guacamayos, tucanes y cocodrilos desde la ventana de su autobús.

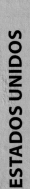

Andrew esperaba ver playas soleadas junto a la costa mexicana. Pero la lluvia hizo que las playas estuvieran grises y sin color. Andrew vio garcetas blancas y mirlos negros violáceos.

El camino que conduce a La Paz, Bolivia y sale de allí, estaba a más de 13,500 pies de altura. ¡Son más de dos millas de altura! Andrew vio las salinas de Uyuni en el sur de Bolivia, que es el desierto salino más grande del mundo.

BOLIVIA

PARA

URUGUAY

ARGENTINA

CHILE

OCÉANO PACÍFICO

Andrew cruzó el **ecuador** en Ecuador. Caminó por la línea que divide el Norte del Sur. Tenía un pie en cada hemisferio.

Andrew cruzó la frontera de Ecuador a Perú y la tierra cambió de selva tropical a desierto. Aquí, el desierto Sechura se encuentra con el océano Pacífico al oeste. Se encuentra con la Cordillera de los Andes al este.

El último recorrido en autobús pasó por Argentina. Andrew recorrió más de 3100 millas. Pasó por Córdoba, luego siguió hacia **adelante** hasta Ushuaia, en Tierra del Fuego. El estrecho de Magallanes fue severo. Eso hizo que el breve paseo en ferry fuera aterrador.

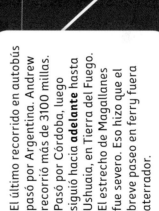

Al fin la Antártida

¡No más autobuses! Andrew abordó el *MV National Geographic Explorer* para navegar a la Antártida. Un momento culminante fue ver un grupo de ballenas delante del barco. Andrew también vio su primer iceberg.

ARGENTINA

CHILE

OCÉANO ATLÁNTICO

ANTÁRTIDA

Andrew pisó la Antártida. Su belleza natural lo conmovió. Se sintió contento de poder dejar la huella de sus botas en el suelo del séptimo **continente.**

Andrew visitó la isla Decepción. Es una corona volcánica con el interior hueco. Toda la isla es la boca de un volcán. En la playa, Andrew se puso a nadar. Como el agua estaba a 36 °F (2 °C), no permaneció mucho tiempo.

En la isla Georgia del Sur, Andrew tomó esta foto de un pingüino completamente negro, algo poco común. Su color se debe al melanismo. El melanismo se da cuando el cuerpo produce melanina de más. Esto hace que la piel, el pelaje o las plumas sean oscuros.

Las reglas para los visitantes de la Antártida dicen que no se puede tocar la fauna. Se debe permanecer a 15 pies de los animales en todo momento. Pero en la colonia de pingüinos Gentoo, una cría de pingüino saltó al regazo de Andrew. Luego vino otro. Hizo un gran esfuerzo para obedecer las reglas y no abrazar a los pingüinos.

OCÉANO
PACÍFICO

Andrew viajó a través de 14 países. ¡Recorrió 10,000 millas en 10 semanas! Su viaje comenzó en un autobús en Washington, D.C. Terminó en el continente de la Antártida.

Como los exploradores de "La edad heroica de la exploración de la Antártida", Andrew fijó su vista en un destino. Sorteó baches en el camino, pero siguió adelante. Es lo que hacen los exploradores.

Compruébalo ¿Qué te pareció más interesante del viaje de Andrew?

Comenta Comparar y contrastar

1. ¿Qué crees que conecta estas tres lecturas que leíste en este libro? ¿Qué te hace pensar eso?

2. Compara y contrasta las razones por las que Amundsen, Scott, Shackleton y Evans fueron a la Antártida. ¿En qué se parecen y en qué se diferencian sus razones?

3. Andrew Evans usa instrumentos modernos, como un dispositivo de GPS y un celular. ¿Cómo podrían haber cambiado los instrumentos modernos las expediciones de los otros exploradores?

4. Elige un haiku. Luego, encuentra un pasaje o una foto en otra lectura que explique o muestre lo que describe el haiku. Indica cómo se conectan.

5. ¿Qué preguntas te sigues haciendo sobre la Antártida o sus exploradores?